AF259934

FUNÉRAILLES

DE

MADAME A. REGNARD

NÉE CAROLINE DELCHER

MORTE LE 23 JANVIER 1868, A 28 ANS

Date lilia.

DE LA PART DE A. REGNARD.

FUNÉRAILLES

DE

MADAME A. REGNARD,

NÉE CAROLINE DELCHER,

MORTE LE 23 JANVIER 1868, A 28 ANS.

Date lilia.

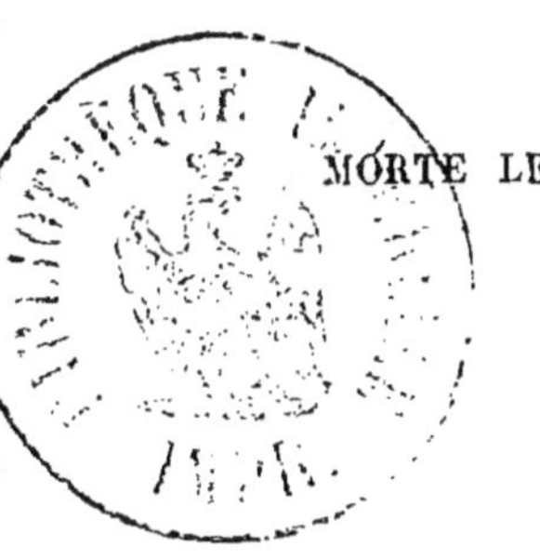

DE LA PART DE A. REGNARD.

PARIS — IMP. E. MARTINET, RUE MIGNON, 2.

28 janvier 1869.

.... Mais une femme, une amie de la première jeunesse ! il semble que le souvenir ne soit point assez, et que la vie qui vous reste à vivre ne puisse faire à cette chère absente une place durable assez unique, assez étendue, assez perpétuellement vivante. Votre cœur saura trouver la réponse au tendre et douloureux problème sans que votre raison fléchisse, et vous garderez en vous, dans un deuil inviolable et que le temps devra seul adoucir, le témoin secret et fidèle de vos travaux, de vos joies, de vos luttes généreuses.

C'est ainsi que celle qui aura été à la peine, sera aussi à la récompense : la pensée est tout pour le sage, tant qu'il est dans cette lice humaine.

(Lettre de M. Sainte Beuve à M. A. Regnard.)

———

A MA FEMME

MADAME ALBERT REGNARD

NÉE CAROLINE DELCHER.

A Toi, chère petite, qui m'as suivi jusqu'ici dans ma mauvaise fortune ; qui m'as prodigué tes soins au péril de ta santé, dans une récente et douloureuse maladie, au milieu des circonstances les plus pénibles.

(Dédicace de la Thèse inaugurale de A. REGNARD. Strasbourg, 27 août 1868).

FUNÉRAILLES

D E

MADAME A. REGNARD

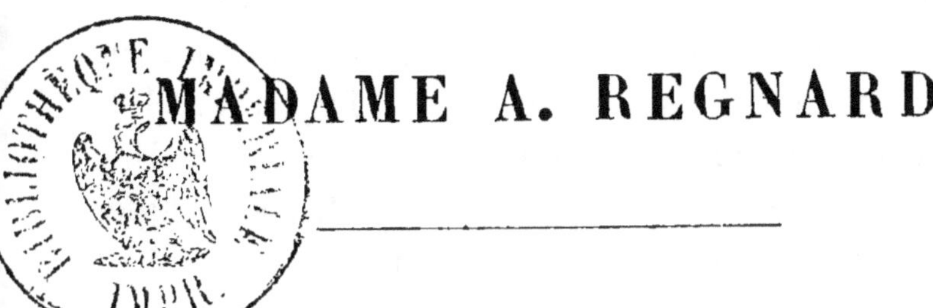

On lit dans la *Pensée Nouvelle* (31 janvier 1869) :
« Un des plus intrépides lutteurs de la pensée libre,
Albert Regnard, vient d'être cruellement frappé
dans ses plus chères affections. Nous conduisions
lundi au cimetière Montparnasse sa jeune et char-
mante femme, morte à la fleur de l'âge, à vingt-huit
ans ! Il y a deux ans, nous la voyions toute gracieuse
et toute ravie, environnée des témoignages de l'irré-
sistible sympathie qu'elle inspirait, s'appuyer au
bras de son mari pour aller chercher à la municipalité la consécration légale de son union. Regnard
a voulu dire lui-même à la foule considérable qui
s'était associée à sa douleur, comment avait vécu et
comment était morte cette compagne, douce égale-
ment envers la vie et envers la mort. Il a rappelé de
quel dévouement elle l'avait entouré, quand il avait
failli succomber à la maladie derrière les grilles de

Sainte-Pélagie, et comment, fille du peuple par la naissance et par l'énergie des convictions, elle sut être, sans fierté, l'égale des femmes du monde les plus fières de la distinction et du charme de leurs manières. Il a affirmé les croyances que nous défendons ici. M. de Blignières, à son tour, a voulu saluer cette tombe si prématurément ouverte. Nous ne citerons de son discours que ce mot frappant : « Elle a été à la peine, elle ne sera pas à l'honneur. » Une dame dont nous ignorons le nom a dit, en quelques brèves et vibrantes paroles, de quel exemple fortifiant étaient cette mort et ce convoi. Puissent ces unanimes témoignages, et le deuil de tant d'amis, adoucir la douleur de notre ancien collaborateur, resté notre frère d'armes. »

La Rédaction.

Voici le discours de M. A. Regnard.

A vous, Citoyens, à vous, Mesdames, qui êtes accourus de toutes parts et en si grand nombre à cette triste cérémonie, je dois d'abord un remercîment. A cette chère enfant qui est là, je dois des paroles de reconnaissance et de regrets, j'entends des paroles de justice. On vous dira peut-être que c'est le moment des larmes et non celui des discours : mais j'ai toute la vie pour pleurer, et rien qu'un instant pour rendre à celle qui n'est plus, l'hommage dernier dû à ses mérites et à ses vertus. Il ne s'agit, il est vrai, ni des grands de la terre ni des illustrations de la pensée : j'espère cependant vous intéresser et vous instruire, en vous montrant comment la vie la plus modeste peut être un exemple et un enseignement. Puisse ma parole être à la hauteur de la tâche que je m'impose.

Il y a dix ans passés que je la vis pour la première fois. Nous étions jeunes, — à l'éclosion de la jeunesse, — nous nous aimâmes. Ah ! les dramaturges aux abois, les critiques influents en décrépitude ! C'était un faux ménage. Il fallait l'étudier celui-là, et nous priver de cette triste apologie du trafic souvent honteux que — dans notre société catholique et rongée — l'on décore du nom de mariage : oui ! c'était un faux ménage ! mais un ménage honnête, et respectable, et respecté : Que j'en connais de vrais dont on ne peut en dire autant !

Certes, nous n'avions pas la fortune : mais nous étions heureux, ayant l'espérance. Et pourtant les privations venaient : et la misère, par moments, s'installait à la maison. Elle, pauvre petite ! travaillait de son mieux : et chaque semaine elle apportait au faux ménage le fruit de ses labeurs, sa part de subsistances. Assurez-vous que les filles de couvent ne sont guère capables de ces dévouements ni de ces résignations.

Mais des temps meilleurs allaient venir ; déjà, je recueillais le fruit de mes travaux et j'acquérais assez d'autorité pour que ma famille dût accepter en toute confiance la femme de mon choix. Elle ouvrit ses bras à la chère compagne de ma jeunesse. Il y a deux ans, presque à pareil jour, par un soleil éclatant comme celui qui nous éclaire, vous vous pressiez en foule, autour de nous, qui allions chercher à la municipalité la consécration légale de notre union. Et comme elle était radieuse, et comme nous étions ravis ! Vous vous en souvenez, vous tous qui l'avez admirée, souriante, appuyée à mon bras, pleine de grâces et de modestie.

Et quand elle pénétra dans ces salons dont le mariage lui ouvrait les portes, quel charme et quelle distinction! Ouvriers que j'aperçois ici en grand nombre, vous parmi lesquels je compte plus d'un ami, habitants du vieux faubourg, compatriotes de Santerre, réjouissez-vous! Car elle était du peuple, et du premier pas elle rivalisait, sans fierté, avec les plus fières et les plus hautes dames!

O souvenirs charmants, courte félicité payée de tant de larmes! Inexorable fatalité, qui, tout en s'acharnant sur nous, semble ne réserver à cette jeune femme les plus terribles épreuves que pour exalter son courage et faire éclater ses vertus! Voilà que les grilles de Sainte-Pélagie se referment sur moi.

Petit malheur, direz-vous, et largement compensé. Vous dites Sainte-Pélagie! mais c'est le séjour des jeux et des ris, des gais propos et des fins déjeuners. Moi, citoyens, j'y ai pensé mourir, et peu importe! Mais qui me dit que la pauvre enfant n'a pas dû à ce séjour funeste, l'ébranlement d'une santé jusqu'alors si florissante? Malheureux! nous étions encore si jeunes, à peine au début de la vie sérieuse; il faut que tous deux, à un an de distance, nous soyons étendus sur un lit de souffrances et de larmes! et après toutes les angoisses et tous les désespoirs, il faut que celle-ci ne m'arrache à la mort que pour en être à son tour terrassée, et cette fois sans miséricorde!

La voyez-vous, cette jeune femme, naturellement craintive, parcourant, intrépide, les couloirs de la Préfecture de police, suppliante, éperdue, allant de l'un à l'autre implorer la grâce de s'installer jour et nuit à mon chevet? Et cela dure huit jours, et l'on ne cède qu'à la mort qui menace, à la crainte de laisser paraître une cruauté trop flagrante. Alors que de dévouement, que de tortures morales, que de fatigues! Au bout de deux mois, j'allais mieux: elle, était maigrie et commençait à tousser. Comme je recommençais à vivre, elle commençait à mourir.

Le coup était porté ! En vain la fraîcheur était revenue, et la santé en apparence. Tout cela était factice et l'œuvre, en partie, de moyens artificiels, de soins extrêmes, que me suggéraient de vagues craintes. Deux de ses sœurs, pauvres filles, avaient été frappées déjà de la phthisie. Je le savais, mais pourtant l'âge fatal étant passé, les forces jusque-là satisfaisantes, je ne comptais plus sur l'hôte terrible : ou plutôt, comme don Juan, je l'avais oublié. Et pourtant il était à la porte ! Il y a six mois, elle me dit : « Je suis perdue ! je finirai comme mes sœurs. »

Ah ! souffrance indicible ! moi, médecin, il me fallait coller l'oreille contre cette chère poitrine : il me fallait entendre la mort y sonner son glas aussi clairement, aussi distinctement que ma voix vous arrive. Et j'écoutais, et je n'entendais pas. J'entendais et je ne voulais pas comprendre ! Et à mes amis me demandant : Y a-t-il quelque chose ? je répondais : Non, ce n'est rien. Malheureux insensé, qui voulait se mentir à lui-même !

Et peu à peu, comme la lampe qui brûle, et absolument de la même façon, elle se consumait elle-même dans une fièvre ardente et sans fin. Pauvre chère enfant ! quelles souffrances ! et quel courage ! Ah ! oui, elle pleurait, elle avait peur de mourir : non pas qu'elle eût de ces craintes chimériques, de ces visions lugubres et infernales qui troublent les consciences religieuses et spiritualistes. Non ! sa foi était la mienne, mais elle redoutait le fatal passage, elle redoutait cette agonie qu'elle avait vue terrible : elle pleurait sur sa fille et sur moi qu'elle ne voulait pas quitter, si jeune encore, et pleine d'espérance !

Apprenez à mourir, vous tous qui m'écoutez ; instruisez-vous par cet exemple ! car voici le fatal moment : elle le sent, elle le touche. C'est moi qu'elle fait chercher : un seul nom est sur ses lèvres, le mien ; une seule crainte dans son cœur, celle de partir sans mon dernier adieu.

Elle me dit : « Je vais mourir ! Vois, ma bouche se con-

tracte », et c'était vrai ! « Quel bruit dans mes oreilles !
c'est le bruit de la mort », et c'était vrai ! Mais moi : « Non,
ce n'est rien ». Ses yeux fixent les miens : elle cherche, elle
doute, et sans se laisser abattre, elle suit jusqu'au bout la
terrible scène, elle étudie sa propre agonie ! Puis un moment
de calme : « Tu vas reposer, chère enfant » ; et elle à moi :
« Oh ! si je pouvais ! — oui, je crois que je vais dormir. »
Et tournant sa tête sur l'oreiller, doucement, elle mourut.

Mourir ! dormir ! comme dit le poëte : jamais la poésie
ne fut plus près de la réalité. Ah ! dernières et douces
paroles, et si consolantes, « Je vais dormir », et vraiment
elle s'est endormie, et de quel sommeil ? et combien plus
calme que celui qu'elle avait pu goûter depuis si longtemps ! Et en réalité, elle dort : et c'est pour moi qu'est la
mort, pour moi qui veille, chère petite, et qui ne te verrai
plus !

Eh quoi ! cette immortalité qui console, voyez, dira-t-on,
comme elle vous manque. Ah ! citoyens ! jetez les yeux autour de vous, voyez couler ces pleurs, entendez ces gémis-
sements ; sur tous les points de ce cimetière, regardez-les,
catholiques, protestants et déistes quelconques, je ne leur
fais pas l'injure de croire que leur douleur soit inégale à
la mienne, et leurs larmes me sont un sûr garant du con-
traire. C'est qu'en face de la réalité, la chimère s'évanouit :
c'est que l'humanité reparaît là tout entière, affranchie
un instant du lien de la superstition et de l'erreur. C'est
qu'alors s'impose, dans sa terrible impassibilité, cette grande
loi de la nature, qui vous dit que tout change et se renou-
velle, et que le temps passé ne revient plus !

Mais je puis au moins en garder le souvenir, à jamais
consacré dans mon cœur. Quel souvenir, et combien pré-
cieux ! Elle avait, mes amis, toutes les qualités, toutes les
vertus de la véritable épouse, la grâce, la douceur, la sen-
sibilité vive et intelligente. Elle avait la soumission, ayant
la confiance : non pas aveugle, mais raisonnée, sachant

que j'étais digne d'être, comme cela se doit, le chef et le guide de la famille.

Ah, citoyens ! j'ai tout perdu ; plus de ces doux épanchements, plus de ces chères et précieuses caresses ! et dans quels bras et sur quel sein irai-je désormais reposer ma tête au sortir de ces jours de fatigue, de ces efforts de la pensée qu'elle savait si bien apprécier et embellir ? O douleur éternelle ! chère enfant, morte au milieu de la lutte, n'en ayant eu que les souffrances, avant d'avoir même entrevu l'aurore du triomphe et de la justice. Ah ! chère et déchirante image que je veux garder jusqu'à mon dernier jour ! Souvenir immortel pour moi, puisqu'il ne s'éteindra qu'avec mon dernier souffle, alors qu'à mon tour j'irai dans le cercle éternel de l'éternelle matière rejoindre ces restes inanimés.

Chère compagne de ma jeunesse, en mon nom, au nom de ta fille, au nom de tous ceux qui t'aiment, au nom de tous ceux qui nous entourent, je te salue pour la dernière fois !

Et maintenant, mes amis, comme au temps des anciens Dieux, *date lilia*, donnez des fleurs ! et que le parfum de ces douces violettes se confonde avec celui de ses vertus !

M. C. de Blignières a prononcé ensuite les paroles suivantes :

Mesdames, Messieurs,

Ce qui nous réunit, c'est donc la fin poignante et déplorablement prématurée d'une courte existence. A moi, ami du mari, et ami aussi de tous les siens, permettez, non pas de faire un discours, mais d'apprécier, en quelques mots, le caractère, l'originalité, la valeur de cette vie sitôt brisée, et de dire l'enseignement qu'elle apporte, les souvenirs qu'elle laissera.

Comme nous le savons tous ici, malgré bien des chances contraires, malgré l'invincible et douloureuse fatalité qui la bornait à quelques années, cette courte existence a été profondément utile. Assurément, les épreuves ne lui ont pas manqué, mais elle a eu aussi, plus et plus que bien d'autres, sa part de bonheur, sa part de vives et profondes satisfactions.

A quoi les a-t-elle dues? pourquoi en a-t-il été ainsi? Parce que la confiance sans limites, *quand elle est bien placée*, et le complet dévouement sont et seront à jamais les conditions du bonheur ; et, certes, ce sont là aussi, à bien des égards au moins, les conditions de la véritable vertu. Or, ici, tous nous le savons, ces conditions ont été remplies autant qu'elles peuvent l'être, d'une manière absolue, peut-on dire, et comme elles ne le sont, dans notre triste temps, que bien rarement, bien exceptionnellement.

Assurément, ni vous, ni moi, nous ne pensons que la loi du devoir, que la règle suprême, c'est qu'il faut faire comme tout le monde. Pour moi, permettez-moi de le dire, je ne pouvais pas, dans ce cas, ne pas être particulièrement et personnellement touché. Il y a déjà longtemps, j'ai osé écrire cette vérité si simple, si importante et si dédaignée, que c'est à tous égards un noble et légitime motif de croire qu'une confiance bien placée. Eh bien, ce que j'ai dit, cette vie le prouve. Et cette vie, ne l'ai-je pas racontée d'avance, en traçant, comme je le concevais, le portrait de la véritable compagne. La vraie compagne, disais-je, n'oppose pas sa science à celle de son mari ; elle trouve dans les mêmes considérations que lui la résignation et le courage ; elle a mêmes désirs, mêmes intérêts, même but : elle est surtout désireuse et préoccupée de récompenser et de dissiper la fatigue du travail par la tendresse et les attentions, et ainsi elle rend possibles ces efforts opiniâtres, ces efforts prolongés et toujours si pénibles, même pour les mieux doués, qu'exige toute création intellectuelle véritablement originale et importante.

Telle doit être, disais-je donc, la vraie compagne, et tel est l'aide *si nécessaire* qu'alors elle apporte. Eh bien, tel est absolument ce qu'a été et ce qu'a fait cette jeune femme qui n'est plus. Les services qu'elle a rendus, mieux encore que le présent, l'avenir les dira. Elle a été à la peine, elle ne sera pas à l'honneur. Mais du moins une suprême satisfaction ne lui a pas manqué ; et les termes mêmes d'un hommage exceptionnel (1), mais bien mérité, publiquement rendu, et la juste récompense d'une vie de tendresse et de dévouement, me serviront pour terminer et conclure.

Adieu, chère dame ; adieu et souvenir à vous qui, si naturellement aimable et bienveillante, avez été, et avec tant de simplicité, si dévouée dans la mauvaise fortune ; adieu, souvenir et reconnaissance à vous qui, dans de pénibles circonstances, et au péril de votre santé, avez si courageusement prodigué vos soins.

M. Germain Casse, en quelques paroles chaleureuses et émues, a conjuré les femmes de venir à nous, libres penseurs, en leur montrant par cet exemple, de quel amour, de quelle sollicitude, et de quel honneur on sait entourer leurs vertus. Puis

(1) Dédicace d'une thèse regardée par les juges officiels, et par toutes les personnes compétentes, comme un travail original, difficile et important. (C. de B.)

une dame, qui s'est dite nièce de Richerand, est venue, sur la tombe de la jeune femme qu'elle n'avait pu connaître, jurer de mourir comme elle. Près de mille personnes qui avaient voulu honorer par leur présence cette mort et cette vie sitôt brisée, se sont alors dispersées lentement, la plupart les yeux rouges de larmes : dernier et solennel hommage rendu à tant de jeunesse et de vertu.

PARIS. — IMP. E. MARTINET, RUE MIGNON, 2

PARIS — IMP. E. MARTINET, RUE MIGNON, 2